JN425082

옳지, 봄

김영진 시인은 인천에서 태어나서 2017년 ≪리토피아≫ 신인상을 받으며 등단했다. 시집으로 『달 보드레 나르샤』가 있다. 막비시동인으로 활동하고 있다.

e메일 : y825jabcde@daum.net

리토피아포에지 · 105
옳지, 봄

인쇄 2020. 3. 25 발행 2020. 3. 30
지은이 김영진 펴낸이 정기옥
펴낸곳 리토피아
출판등록 2006. 6. 15. 제2006-12호
주소 22162 인천 남구 경인로 77(숭의3동 120-1)
전화 032-883-5356 전송032-891-5356
홈페이지 www.litopia21.com 전자우편 litopia@hanmail.net

ISBN-978-89-6412-132-0 03810

값 10,000원

이 도서의 국립중앙도서관 출판예정도서목록(CIP)은 서지정보유통지원시스템 홈페이지(http://seoji.nl.go.kr)와 국가자료종합목록 구축시스템(http://kolis-net.nl.go.kr)에서 이용하실 수 있습니다. (CIP제어번호 : CIP2020011377)

김영진 시집

옳지, 봄

시인의 말

어디서 무엇을 훔쳐볼까,
어둠 속에서 묻는다.

달빛이
시간의 발자국을 찍으며
그림을 그리기 시작한다.

달이 그의 하회탈을
다 그릴 때까지
나는 눈을 지그시
감아 준다.

내가 그의
모델이다.

2020년 봄날에
김영진

차례

제1부 종소리는 언어다

제2부 동백꽃 필 때

제3부 부러지는 비

제4부 물속의 길

|제1부|

종소리는 언어다

종소리는 언어다

종소리는 아름답고 슬퍼서 동물들이 종소리를 따라 부르다가 언어가 되었다고 한다. 에밀레종은 쇳물을 끓일 때 어린아이를 함께 넣었다고 한다. 종소리를 부드럽게 하기 위해서라 한다.

가을밤 별들도 아름답고 구슬픈 단풍에서 나왔다. 반짝이는 것은 수 천 년 전에 울린 종소리가 지금도 날아오고 있기 때문이다. 종소리는 흩어지는 것이 아니라 별을 향해 모아지는 것이라 한다. 오로지 지구를 정복하는 것은 종소리뿐이다.

새들은 종소리가 울리면 하늘로 날아오르다가 다시 지상으로 내려앉는다. 새들은 무리를 끌고 올라 허공에 심장의 박동소리를 뿌리고 온다. 종은 함부로 울릴 일이 아니다. 종소리가 귀에서 걸어나온다. 종소리는 언어다.

십일월 초승달

천사들이 베어 문 노란 접시가 초승에 동쪽으로 푹 빠진다.
긴 꼬리 양진이 울음에 눈이 찔려 정사의 능구렁이 떨어지고,
살짝 벌린 혀는 서리 맞아 떨어지는 노란 국화꽃 이파리다.
그래, 검은 허공에 박힌 십일월 초승달 노란 국화 꽃잎이다.
울컥, 쏟아내면 차오르는 당신의 잃어버린 금빛 귀고리다.

당단풍나무의 기억

억울해진 주름살이 궁금해진 당단풍나무와 대화를 한다.
후박해진 성품으로 받아들이는 자세는 아름답게 붉다.
어머니는 당단풍나무 아래에서 옛날이야기를 해주셨다.
엄마 찾아 삼만리를 저녁별이 꾸벅거릴 때까지 해주셨다.

서로 알아보지 못하고 지나치는 장면에서는 눈물을 흘렸다.
인연은 바람보다 물이 모이는 곳에서 만나는 자연이다.
당단풍나무에 편지 한 장 써 붙이고 풀밭에서 기다린다.
노을 무렵 편지 읽으러 당단풍나무에서 어머니 나오신다.

풀꽃이 흔들릴 때

풀꽃이 흔들리면 산과 바다와 강, 새와 동물, 바람까지도 미소를 짓는다. 여름날 오후 우거진 잡초 사이로 무릎 높이 풀꽃은 고개 내밀어 쳐다보라 몸을 흔든다. 막내아들 성장판 닫힌 무릎 연골을 바라보는 어머니의 한숨처럼, 바람은 풀꽃을 흔들기 위해 순수한 숲을 연금술사의 저울 위에 올려놓는다. 수평을 맞추며 숲이 감싼 산을 밀어 올린다. 풀꽃을 자세히 들여다보면 너무 예뻐 마음의 한 평짜리 텃밭에 심어두고 매일 보고 싶다. 은은한 색감으로 물들어 풀꽃이 흔들릴 때 우주가 미소 지으면 세상은 환해진다.

월미도 달을 삼키다

반달 꼬리에 봄바람 불자 벚꽃이 민어 비늘처럼 휘날린다.
조개 잡으시던 어머니 땀냄새 맡으며 월미도를 걷는다.
모퉁이 돌면 소월미도가 보이고 파란 바다는 여전히 젊다.
동산의 연인은 낯설지 않고 늙은 무릎 뚝뚝 소리가 설다.

금방 잡힐 거리인데 헐떡 소리가 벚꽃에 붙었다 떨어진다.
밤게 잡는다 구멍 파다 보면 얼굴에 하늘이 내려앉는다.
노을이 영종도에 배경이 되면 다랑어가 반달을 끌고 와서,
벚꽃을 바다에 뿌리고 월미도 달을 초간장에 찍어 삼킨다.

무짠지와 앵순이

어머니가 앵순이 다리 같은 무를 씻고 있다.
나박나박 썰어지면 입속에서 춤을 출 것이다.

항아리 속으로 잘린 다리들이 켜켜이 쌓이면,
굵직한 천일염 뿌리고 묵직한 돌을 올려둔다.

사흘 만에 꺼낸 무를 나박나박 썰어내신 어머니,
국화무늬 하얀 대접에 담아 저녁밥상에 올린다.

그해 봄 어머니 부엌에서 앵순이와 도란도란,
칼질하는 소리 토닥토닥, 파란 쪽파는 동동동,

저녁 먹고 연차 마시고 슬며시 다리 들이밀면,
앵순이 깔아 놓은 둥지로 다리가 네 개였다.

절밥 먹다

지선사 법당 마당 연등에 매달린 웃음들이 붉어진다.
연못 뚫고 올라온 홍련의 자태도 청순하고 순결하다.
진흙 속에서 폭풍처럼 처절한 싸움 벌여 이겼으리라.
향불 대웅전에서 무릎 꿇고 절하는 중생들이 착하다.

구름 타고 놀던 동자승들 까르르 석가모니를 부른다.
오늘은 생일이라네 합장을 받으며 미소를 지으신다.
공양간에 밥 끓고 조물조물 나물 무치는 소리 들린다.
평상에 둘러앉아 석가모니 삼색나물 비빔밥이 꿀이다.

옳지, 봄

난생 처음 엄마, 말문 트이고 걸음마를 배울 때
엄마가 장단 맞추는 소리,
박 같은 엄마 젖을 떼고 이유식을 받아먹을 때
아기의 웃음을 맛있게 먹으며 칭찬하는 소리,

옳지.

그 소리에 힘을 받아 두 발로 일어선다.
우주는 아름답고 세상은 불안하지만
기어 다니다가 일어서니 눈높이가 봄의 키다.
봄이란 아기처럼 일어서는 거다.
가만히 귀 기울이면 우주도 손뼉 치며,

옳지.

겨울

이보시게나, 달과 별과 산, 바다는 얼마나 추운가. 모두 내 문장으로 들어오시게나 방 하나씩 주겠네. 내 문장의 방에 사는 달은 문장의 등이 되고, 별은 문장의 조명이 되고, 산은 문장의 종이가 되고, 바다는 문장으로 이어진 행이 될 것이네.

그대에게 황금 초가집 따뜻한 방을 주었으니 상상의 꿈을 꾸도록 하시게나. 봄부터 가을까지 생산하느라 얼마나 많은 비지땀을 흘리셨는가. 이제 흘러내린 등 뒤 땀 식히라고 겨울이 찾아왔으니 고맙지 않은가.

이보시게나, 겨울은 다시 봄을 맞이하기 위해 제 몸 여기저기를 돌보는 시간이라네. 보시게나, 달은 동백꽃이 되고, 별은 선인장이 되고, 산은 군자란이 되고, 바다는 수선화로 피고 있지 않은가. 겨울은 잠을 자면서도 꽃을 피운다네.

하얀 눈꽃이라도 내려 봐라. 이보시게나, 겨울은 참 아름답지 않은가. 누가 겨울을 먹먹함이라 말하는가. 겨울은 봄이라네. 마음껏 춤을 추시게나.

분단의 강

초등학교 입학했을 때 처음 분단 나누기를 했다.
키 작은 순서로 매긴 번호에 매달린 운명이었다.
분단국 사람들의 분단 사유는 유별나게 분명하다.

자다 벌떡 일어난 하나님이 분단국가 바라보신다.
하나님이 보호하사 분단의 강 깨부수는 꿈 중에.
기승전통일편 쓰시다 말고 지쳐서 휴식 중이시다.

춘화현상

하얀 백지의 몸속으로 아침이 찾아오듯이, 죽은 집으로 돌아가는 자연법 춘화현상 없이 아프리카 개나리는 꽃을 피울 수 없듯이,

개나리꽃이 피었습니다.
춘화현상은 자연의 지렛대입니다.

겨울을 거쳐야 노란 꽃을 볼 수 있듯이, 어제 죽은 집은 여름의 이불로 침대를 덮고 있듯이, 돌돌 말린 죽부인처럼 안기며 나뭇잎이 자라나듯이, 커피는 사약처럼 우측으로 돌듯이, 방충망 노린재가 어제 죽은 집 불빛으로 샤워를 하듯이, 오늘 산 자들의 파티가 어제 죽은 집에서 열리고 있듯이,

자연 춘화현상으로,
태양의 모퉁이에도 개나리꽃은 핍니다.

염문

바람이 뜨겁다는 것은 시간도 뜨겁게 지나간다는 것이다.
연초록 바람이 붉어지는 것은 환상통 후에 찾아오는 일이다.

숲은 아무 죄가 없다. 사랑의 자리만 펼쳤을 뿐이다.
우리의 염문이 감나무에서 휘날릴 때 달달한 꿀이 떨어진다.

이 강에 안개가 걷히면 염문을 물고 다니는 새가 나타난다.
염문이 잔잔히 숨어들면 이 강에 안개가 다시 깔리곤 한다.

먼 옛날 해와 달의 염문이 풍문으로 돌고 돌았을 때,
별들의 한숨으로 생긴 물방울들이 안개로 변했다지.

해와 달은 시간을 잃어 서로 만나지 못하는 벌을 받고,
염문이 꽃바람에 휘날리면 숲속 볼살에 연분홍이 돋는다.

검붉은 단풍

산에다 뿌린 심장의 핏물에 칼을 씻는구나.
어젯밤 사랑했던 목련꽃 가슴 들어냈느냐.

그녀 속옷 예쁘게 물들인 꽃단풍 십일월에
검붉은 사랑이 찾아올까 몸치장을 하는구나.

새들은 면면히 내려오는 습관으로 쪼아대고,
나뭇잎은 피를 흘려 물들었다 여긴다는구나.

전등사 배경으로 순록의 뿔 같은 바람을 타고,
새들은 시베리아를 향하여 날아오르는구나.

갯벌에 찍힌 새들의 팔만대장경 사랑 때문에,
새들은 일생 다 읽지도 못하고 죽는다는구나.

잊힌 계절에 검붉은 단풍을 자세히 바라보면,
사랑은 그저 맹목적 맹렬이라 쓰여있다는구나.

착란

지난여름 소래산에서 너를 금낭화라 읽었다가 일주일 내내 신열이 올라 죽을 뻔했다. 도사처럼 빛바랜 간판이 걸린 한의원에 가 진찰을 청해보니 감기가 아니고 감정의 기복을 다스리는 중추신경이 붉게 물든 탈색증이라 한다.

돌아와 다시 여인네 허리에 매단 복주머니처럼 생긴 꽃을 찾기 위해 식물도감을 펼쳤다. 눈이 휘둥그레지며 완전히 다른 개체 속성을 보고 놀랐다. 며느리밥풀꽃은 붉은 나팔에 매달려 두 개의 하얀 쌀알을 내미는데 금낭화는 붉은 복주머니가 아닌가.

그날 본 것은 금낭화 왕자가 아니고 며느리밥풀꽃, 매 맞아 죽은 며느리였다. 붉디붉은 관상으로 피어나 무릇 정원이나 수런거리는 뒷마당에서 출렁거린다고 한다. 착란으로 읽어낸 돌무덤에 사는 며느리가 눈 치켜뜨지 부르르 떨며 발발한 열기가 지난 소래산에서 내 몸속으로 전이되어 일주일을 앓았다고, 나중에야 들었다.

<

꽃에도 영혼이 있었다. 의혹과 믿음 사이에서 심판과 구원을 기다리는 신열의 제의식으로 확실히 구분할 수 있는 기억의 단단한 굳은살, 나는 노을의 강보에 쌓인 애늙은이다. 여름 소래산이라고 적어둔 그날의 새벽은 붉었다.

붉은 대추

초록 바람은 어디서 불어왔다가 붉게 물들이고 흔적도 없이 사라지는가. 대문 앞 대추나무에 매달려 들락거리는 모두에게 인사하고 있다. 별나라 여행 떠나기 전 지샌 눈동자가 흔들릴 때마다 닭 울음소리가 들린다. 삼계탕 팔아 자식 키우느라 무릎에서 고고고 닭 울음소리 그치지 않는다. 자식에게 좋은 거 먹이고파 가을이면 전쟁 치른 식탁 위에 닭뼈를 모은다. 어머니는 대추나무 밑에 군데군데 구덩이를 파고 거름 주듯 묻어두곤 하셨다. 벼락 치듯 흔들어 후두둑 떨어지는 붉은 대추의 새콤 달콤한 맛이 홍옥처럼 달다.

가을은 힘이 다해 단풍으로 물들고, 어머니는 부엌에서 삼계탕을 끓이시고, 닭이 울 때마다 대추나무가 흔들린다. 대추차로 근심과 걱정을 물리칠 때, 동동 뜬 붉은 대추에서 싸우는 닭 울음소리가 새어나온다.

나를 박제한다

나는 이사불명이 찍혀 가을우체국으로 돌아왔다.
천 년 동안 숨어 우는 바람소리 붉은 피를 토한다.
소쩍새 마을 건달산이 시오리 솔밭길로 들어간다.
타인에게 독백했으므로 나는 조금 슬펐더랬다.

별빛향기 좋아하는 당신은 아직도 흰 풀꽃이다.
붉은 소인 찍힌 우표를 도려내서 시집에 끼운다.
둥근달에 숨긴 추억이 이를 데 없이 평화로웠다.
머리에 감청빛 뿔이 돋아난 내가 나를 박제한다.

낚시바늘

지구상에는 남자 반 여자반이라는데 분위기 미끼만 달랑 먹고는 사라진다. 비가 내리는 날 측은지심으로 나를 손잡아 줄 누군가를 기다리는 밤이 좋다. 바다에는 물 반 고기반이 물음표 낚시바늘에 거꾸로 매단 미끼를 덥석 문다

여차 저차 어느 세월 속으로 욕망의 나이가 피부마다 먹점으로 솟아난다. 손잡아주고 앞서거니 뒤서거니 달그락달그락 오순도순 등 긁어주는 밤이 좋다. 목에 걸고 싶은 하얀 낚시줄 끝의 낚시바늘, 인생 별 거 있나 수평선까지 물고기처럼 끌려간다.

매실청

두꺼비꼬리에 꼬리를 물고 섬진강 오백리가 꿈틀거린다.
대지의 피돌기를 따라 연분홍 매화꽃이 피기 시작한다.
열매보다 꽃만 보고 즐겨도 고운 꽃이 우주에 탄생하나,
지상이 꽃대궐로 변하면 시샘하는 비가 내려 꽃을 떤다.

꽃 진 자리 초록빛 열매 속으로 사랑의 보약이 채워진다.
술 드신 아버지 새벽에 배 아파 화장실 왔다 갔다 하고,
어머니 사발에 매실청 한 수픈을 따듯하게 타 오신다.
주독이 초록물에 무릎 꿇자 뱃속에서 매화가 활짝 핀다.

붉은 소래포구

유월이 붉은 수염 새우에 매달려 팔딱거리면 포구에 비릿한 냄새가 진동한다.

누이 손톱에 봉숭아 물들이며 가던 포구는 갈매기 완장 차고 호루라기를 불고,

강화는 멀어 소래로 생새우 사러 온 사람들이 설다고 호주머니를 만지작거린다.

어물전에 아구 황석어 갑오징어가 먹고 싶다고 눈동자가 돌아서지를 못한다.

좌판 아줌마 낯익다 발목 시큰하게 사막을 걸어온 무릎 炎이 숨을 몰아쉰다.

갯벌 구멍에 복이 차 있고 콩게 밤게는 붉은 성벽 위에서 저녁상을 준비한다.

돌을 던지면 짱뚱어가 뛰어오르고 갯벌 사이로 뱀 같은 밀물이 혀를 내민다.

모시적삼 어머니가 찬물에 밥 말아 드시며 간장게장 쪽쪽 빠는 소리 들린다.

구월은 기다린다

어정어정 칠월은 음력 유월이 동행한다. 미꾸라지처럼 미끈한 더위가 지나가면 건들건들 팔월이 뒷짐을 지고 구월의 냄새를 맡는다.

더위가 귀뚜라미 등에 업혀 뭉게구름 타고 오는 기러기 논에서는 뜸부기가 새끼에게 우렁 까먹는 법을 가르친다. 황금들판에선 벼이삭의 기억을 참새들이 짹짹거리며 까제낀다. 굽이마다 공양으로 불타는 냄새가 붉다.

번개와 우레의 방문이 없었다면 집과 나무와 호수는 얼마나 적막했을까. 구월에게 반잔의 술을 따른다. 반잔은 정으로 채운다. 구월은 가질 것도 없고 버릴 것도 없는 선禪이다.

낚싯대와 대화를 한다. 바다에 나가면 고기를 많이 잡을 것이다. 씨알 굵어진 물고기 머리에 구월이 살고 있다. 구월은 태양의 목젖 아래 함부로 밟힌 들꽃 향기처럼 진동한다.

| 제2부 |

동백꽃 필 때

다독거리다

투박한 어머니 손이 종일 다독거립니다.
매운 청양고추 모종 심고 다독거립니다.

갓 뽑은 열무 광주리에 눌러 다독거리고,
빈 쌀독을 눈으로 꾹꾹 눌러 다독거립니다.

아버지 출근할 때 다녀오세요 다독거리고,
얻어맞고 들어와 우는 막내어깨 다독거립니다.

시집살이 불어터진 며느리 손 잡아 다독거리고,
매번 칭얼거리는 손녀딸 엉덩이도 다독거립니다.

다독이다 가신 어머니 무덤가 파릇한 잔디를
봄 햇살 받으며 편안하시라 자장자장 다독입니다.

개미 모시기

지하상가 걷다가 문득 사람들을 개미 떼라고 읽었더니 일억 년 전 십칠 미터 칠백 키로 거인들 생각이 난다. 우주가 소용돌이치자 백칠십 센치로 진화했다는 거지. 자연은 우주가 진저리치기 전 미리 손쓴다는 거지. 진화와 퇴화의 두 갈래 길에서 나뭇잎이 고요하게 떨어진 길로 갈 것인지, 지렁이가 기어가면서 온몸 흔들며 내는 소리처럼 비 내리는 길로 갈 것인지, 아마도 자연은 우리를 십칠 센치로 진화시키고 있는지 모른다는 거지. 개미의 이웃이 되기 위해서라는 거지. 지구가 멸망해도 살아남는 것은 개미뿐이라고 엉터리 진화론을 쓰는 허접한 시인의 말을 누가 들어주랴만, 상상의 세계는 아무도 모르지. 명왕성이 태양계의 위성 지위를 잃어 소행성 134340의 이름표 달고 다니는 줄 누가 알겠어. 훗날 우주는 수천 억 인간들을 먹여 살릴 수 없어 한꺼번에 줄여버린다는 거지. 그런데 개미는 지금까지 진화든 퇴화든 신에게 요청한 적이 없다는 거지. 얼마나 영악해. 미리 닥쳐올 미래를 벌써 읽고 있다니. 십칠 센치로 축약된 사람들이 개미동굴처럼 땅 파고 살면 되는 시대가 온다는 거지. 시골에

후손들이 살 땅을 사두어야 해. 언제든 땅굴을 파면 십칠 센치 집이 되겠지. 그때 개미와 인간은 이웃사촌이 되는 거지. 아무렴, 개미의 언어도 익혀야 하고 개미의 습관 개미의 몸짓 개미의 규칙을 배워야 하겠지. 개미는 진화를 이미 끝냈다는 거지. 개미는 미개한 게 아니야. 십칠 센치로 진화할 인류를 그들은 알고 있다는 거지. 우리는 개미 흉내를 내면서 사는 거야. 간밤 부엉이눈에서 쏟아져 나온 가시광선처럼 부들부들 떨면서, 태풍이 들어올려 이글거리는 태양을 널어놓은 빨래조각에 조각조각 붙이고 있지. 땅굴을 파야 하는데, 궁리 끝에 개미 한 마리를 모셔왔지. 알려주게나.

홍매화

월미도에 홍매화가 보글보글 한창 끓고 있습니다.
백매화의 익숙함에 속아 소중함 잃고 살았습니다.
백매화 다 지고 홍매화 피면 붉은 심장 꺼냅니다.
달빛 가득한 홍매화 가지에 매달아 두곤 했습니다.

희미한 옛사랑의 붉은 그림자로 홍매화를 그립니다.
허전한 가슴에 꽃비의 혀가 멀미하듯이 덤벼듭니다.
만나자는 문자가 날아왔는데 익숙한 속삭임이지요.
아직 홍매화 솥에 새끼손가락 장 지지고 계십니다.

오동나무

오동나무 이파리가 깔딱거리는 어머니 어깨 주무른다.
아버지 일찍 돌아가시고 식솔들 풀칠 위해 행상하셨다.
쌀이 부족해 아나지고개부터 새별이까지 집집마다 돌며,
자라목 되어 참외 팔고 복숭아도 팔아 쌀 한 줌 얻으셨다.

삭은 솥단지에 검은 꽃이 솟은 핏줄 따라 이쁘게 피었다.
어깨 마디마디에 발바닥 부르튼 늙은 낙타가 살고 있었다.
와불에 자라난 비석처럼 어머니 장한 글자가 흔들거리고,
알전구에 헤진 양말 끼워 어머니는 바느질하고 계시다.

오동나무 이파리가 간이 오그라들면서 떨어져 내린다.

동백꽃 필 때

너를 만났을 때 설레던 마음을
동백꽃 옆에서 다시 불러온다.

울다 지쳐 멍이 든 빨간 동백꽃,
웃다 지쳐 부스러진 하얀 동백꽃,

동백기름 바르며 가르마 가르시던
어머니 머릿결도 그 얼굴이었다.

모르긴 하지만

병아리들이 별인지 모르는 별을 물고 조잘거린다.
청둥오리가 달인지 모르는 달을 물고 톡톡거린다.

청설모가 밥인지 모르는 까치밥에 코를 들이밀면,
홍시인지 모르는 까치가 핏대를 세우고 덤벼든다.

부영공원

아스팔트 폐허 속에서 고양이들이 짝을 짓는다. 보름달이 풀숲 위로 솟으면 장면은 바뀌고 장르도 바뀐다. 버려진 군부대 무너진 벽 틈에 수십 년째 빵 냄새는 수군거린다. 햄버거 먹고 자란 집고양이가 회색빛 언덕을 기웃거린다. 들고양이가 집고양이를 맞이하여 하수구 통로에 집을 짓는다. 산비둘기는 털을 깔아 포근한 신방을 꾸미고, 초승달이 무너진 담장 위로 떠오른다. 들고양이 집고양이 발톱 세워 캉캉춤을 춘다. 무너진 담장 틈에서 짝짓기를 끝내고 미루나무 언덕 초승달 속으로 걸어간다. 이 밤의 기억 하나하나 발톱 사이에 꼬옥꼭 숨긴다. 고양이들 발자국 소리 들리면 부영공원*의 밤은 뜨거워진다.

*부평 미군부대, 군부대 다리에 마련된 미완성 공원.

무진사無盡寺

안개가 짙으면 슬피 우신다는 어머니 있으십니다.
산등성이 재 너머 절로 까까머리 아들을 보낼 때,
무진霧塵으로 앞이 안보여 발걸음을 더듬거리면서
떨어지기 싫어 서글피 발을 동동 굴렀다는 무진사,
목어는 목말라 울고 어머니는 없어서 울었답니다.

무진사에 안개 뒤덮이면 배롱나무는 이슬을 핥으며
오랜만에 어미의 젖을 꿀처럼 빨며 잠이 든답니다.
무궁무진한 행복과 꿈의 범종소리가 퍼져 나갑니다.
새들도 목탁소리를 듣고 탁발길을 정한다고 합니다.
안개가 사라지면 오늘은 왼쪽일까요 오른쪽일까요.

어머니 된장 푸시다 말고 동쪽 향해 중얼거리십니다.
쌀 한 움큼 퍼담아들고 대청마루 동자승에게 빕니다.
애야, 잘 살아야 한다. 네, 어머니 대답도 있습니다.
범종소리 머뭇거리는 안개 뚫고 땡그렁 하고 날아옵니다.

내 창문에 사는 새들

내 창문에 공원이 생기고 작은 새들이 살고 있다.
새벽을 내어주는 나무에게 새들은 숙박료를 낸다.
회화나무 밑에는 빼꾸기 똥,
이팝나무 밑에는 휘파람새 똥,
상수리나무 밑에는 직박구리 똥,
새들의 화폐, 새들은 몸속에 3D프린트기가 있다.
나무는 화폐를 받아들자마자 새벽을 풀어 놓는다.
새들은 아침이 되면 식구들의 안부를 먼저 묻는다.
간밤 잠든 사이 청설모한테 잡혀가지는 않았나,
꿈을 꾸다가 다리를 헛디뎌 낙상하지는 않았나,
삐삐삐, 짹짹짹, 빽국빽국, 먹이 물고 온 어미새는
입을 제일 크게 벌린 놈을 먼저 찾습니다.

함박눈 나비

함박눈이 내리는 날 나비들도 군무가 한창이다.
나비들이 꽃을 들고 와 수천 수만 날개짓을 한다.
심장에서 자란 털을 뚫고 그리움이 걸어 나온다.

쓸쓸해 보이지만 하늘의 기러기 떼는 광배가 된다.
아쉬운 사연을 돼지꼬리에 묶어 하늘로 날려 보낸다.
나비 날개에서 흩어지는 은분이 지상으로 내려온다.

다듬어지는 것에 대하여

보름달이 피를 토한다. 천둥 번개 치면 폭풍우가 찢어놓은 구멍으로 물이 들어차 화성에서 날아온 물고기가 사각사각 파먹는다. 칠흑 속에서 보름 동안 다듬은 조각달이 검푸른 바다로 떠난다.

불타는 강가에 나선다. 나룻배 타고 물속에 한 발 드리우고 잠자는 물고기를 깨운다. 죽은 왕벚나무에서 하품하는 물뱀이 히죽거리면, 사공은 조각달에 걸린 뱃줄을 잡아당긴다.

소똥 줍는 날이다. 내장에서 아름답게 다듬어진 물체다. 애기뿔소똥구리가 경단을 굴리던 밤의 기억들이 발가락 사이로 삐져나온다. 풀죽을 구수하게 되새김질하다가 뱉어낸 소똥 속 멸종 위기의 곤충이 다듬어지고 있다.

피트니스를 찾는다. 이글거리는 눈매를 설득 시키는 입, 뱀이 파고든 팔뚝, 구릿빛 식스 팩, 볼록한 오리 궁뎅이, 다듬어진 육체가 수상하다.

개뿔

강아지 뿔이란 말이 개 풀 뜯어 먹는 소리로 들린다.
오늘은 부부의 날인데 혼자 사는 친구가 좀 부럽다.

석 달만 지나면 잊어버릴 슬픔을 변산반도 책 쌓듯 한다.
개뿔 매달고 소심하게 보내기엔 인생의 시간이 너무 짧다.

낮달 쉬는 거리에서 서성이다가 걱정 하나에 술 한 잔,
거울 속 옆모습에 놀랜다. 둥근 박 반쪽이 달라 붙어있다.

열탕에서 땀 빼고 냉탕에서 배 두드린다. 배가 고파진다.
통닭에 맥주 한 잔 닭발이 먹고 싶다. 다이어트는 개뿔.

장미 커튼

아내가 생기면 검붉은 장미색 커튼 치고 살리라.
마당에는 담장넝쿨장미를 질펀하게 심어두리라.
아침에 눈만 뜨면 장미의 입술에 키스도 하리라.
빨간 식탁 위 붉은색 와인이 활짝 웃게 하리라.

가시에 찔려 피가 흐르는데 그녀는 미소 짓는다.
이어폰 꽂은 그녀의 이마 너머 수평선이 자란다.
우아하게 마시리라. 취기도 살짝 신비로우리라.
하얀 운동화 신고 노을 속을 손 잡고 걸으리라.

어깨를 끌어안으며 적혈구 백혈구처럼 섞이리라.
엉겅퀴 닮은 그녀의 달팽이관 속으로 기어들리라.
장미 커튼을 내리면 지상의 꽃들은 눈 감으리라.
바람이 살랑거리는 지상에는 고요한 평화 오리라.

여명이 다시 장미빛 세상에 수놓아 그림을 그리면
바람 불고 빛이 뜨고 총소리 사막으로 떨어지리라.
폭풍의 절벽에 핀 검붉은 장미 누가 꺾을 것인가,
장미가시에 찔려 죽으면 장미커튼을 꼭 덮어주시라.

빨간 레스토랑

봄비가 오네요. 무엇이든지 잘 먹어요. 저녁시간 좀 내주세요. 금요일이면 더욱 좋아요 빨강 식탁보가 깔린 레스토랑이면. 설설설 달콤하게 오는 봄, 설설설 대화를 나누는 밤, 커피향기, 음악, 음성, 액션, 별빛이 심장을 파고들어 콩닥거리네.

빨간 식탁보, 짤간 접시, 빨간 양초, 빨간 조명, 빨간 카페트, 빨간 양말, 빨간 루즈, 빨간 레스토랑에서는 커피맛이 신비했다. 한 번도 먹어보지 않았던 것처럼. 설레는 입술,

며칠 후 그녀의 문자가 오네. 양치질 하는데 칫솔이 똑 부러지고, 아침을 먹는데 어금니 옆구리가 툭 깨지고, 서까래가 쩍 갈라지고, 어머니가 넘어져 고관절이 부러지고, 무덤 속 아버지가 이발을 하시고, 이북땅 할아버지가 삼베옷 입고 부채질을 하시고, 할머니가 봄볕을 담아와 고구마를 굽고 계시고, 당신의 손목에서 자라 꿈틀대는 백혈구가 터져 나오고, 나는 어지러운 바다처럼 꿈틀대는데요.

염소와 채마밭

얼룩배기 갈색 눈동자 염소가 뿔로 하늘에 저항하고 있다.
떡갈나무 그루터기 염소가 채마밭 향해 코를 씰룩이고.
한 뼘 모자라다고 염소는 앞발 들었다 내렸다 안달이다.
나비 한 쌍이 채마밭에서 춤추자 장다리꽃이 박수를 친다.

어둑해지자 염소가 목줄을 씹는다 질겅질겅 껌 씹듯 한다.
설탕가루 묻힌 꽈배기 삼베줄이 풀 베듯 댕강 잘려나간다.
하늘이 심판을 하고 세상의 뭇 초목들이 구경을 나왔다.
염소는 채마밭에 한 판 붙자 팔 걷어부치고 씩씩거리고.

사랑해요, 라고 적혀 있다

사랑해요, 라고 쓴다. 나무는 일 년이라는 생명줄 위에 딱 한 번 봄 여름 가을 겨울 생일날 붉어진다. 파란 속눈썹을 며칠이라도 봐달라고 갓난아기처럼 깜박거린다. 구름이 시샘해 바람을 보내어 떨어낸다.

벌과 나비는 잠깐의 눈부심 속에서 아쉬움만 포근히 가슴에 쟁인다. 어제의 기억을 끄집어내고 오늘 무엇이든 할 수 있다. 내일은 찾아올 손님을 위하여 꽃자리를 비워두면서 기다린다. 그리고 사랑해요, 라고 쓴다.

연락이 올 것만 같은 생각에 보라색 수수꽃다리 흔들리는 몸짓이 어머니 바느질처럼 보인다. 꽃잎은 누군가에 사랑을 주고 싶다. 안방 건너방 기웃거리는 어머니 버선발 뒤꿈치에 달라붙은 미소다. 나는 그걸 사랑해요, 라고 읽는다.

작약도의 딱따구리

언제부터인가 봄의 추문이 작약도 숲에서 불어온다는 말이 무성하게 자라고 있었다. 그 바람을 타고 오는 전령사는 딱따구리일 것이라고 모든 새들이 지목하고 있었다.

밤처럼 생긴 섬에 한 번 들어가면 피골이 상접하여 나오곤 한다는데, 천 년 전 밤섬으로 시집와 살던 며느리는 남편이 바다에서 돌아오지 못해 청상과부가 되고 말았단다. 밤낮으로 떨어진 밤만 주워 먹으며 밤나무에 기대어 바다만 바라보다가 죽어 밤나무 밑에 묻혔다는 것.

밤나무는 가엾은 여인을 흠뻑 빨아들여 돌아오지 못하는 남편을 위해 밤꽃 향기를 인천 앞바다 백리까지 보내곤 했단다. 며느리 허벅지 살냄새가 밤꽃 향기로 변해 무차원으로 퍼져나갔다는 추문에 휘말려, 육지 처녀 총각들이 작약도로 놀러와 밤꽃 향기에 취해 그윽하게 놀았단다. 그만 밀물이 들어와 사연은 오래도록 뜨거웠다고. 썰물을 일으키는 달의 오방색 끈이 작약도에 놓이자 비로소 탈출했다고 한다.

<

그 밤 생겨난 아이를 밤톨이라 부른다고 딱따구리는 퍼질러대고 다닌다는 것인데, 월미도 사는 새들이 작약도로 마실가면 딱따구리가 진수성찬으로 대접하고 재미난 소문들을 전해준단다. 새들은 한바탕 웃고 돌아오곤 했다는 것이지. 봄이 되면 밤꽃향기는 서풍을 타고 어김없이 월미도로 불어온단다.

등잔불 밑

소요산이 전동차를 타고 부평역으로 들어온다.
급행열차가 헐레벌떡이는 나를 두고 미끄러진다.
스르륵 뚝 똑각 똑각 시이익~ 냅다 도망친다.
부개역을 향해 휘어지면 완행열차가 도착한다.
스크린 도어 열리고 이 빠진 자리에 임플란트다.
노약자석 버리고 젊은이 사이에 비비고 앉는다.
나를 봐라 몰골을 봐라 아직 싱싱하지 않은가.
눈이 침침하다 뿌옇게 보이면 안구건조증이지.

대방역은 오른쪽, 여성프라자로 가려면 3번 출구.
약속장소를 찾으며 허름한 여인에게 길을 묻는다.
저기 가서 물어보세요 가서 헤매다가 택시를 탄다.
걸어가셔도 되는대요 모르면 용감하다고 하더니.
알고 보면 코앞인 것을 등 뒤에서 헤매고 다녔다.
등잔불 밑에서 글을 쓰기 시작한 지도 어언 삼년,
어둠이 받쳐 든 등잔불 밑이 어머니 치마폭이다.

소쩍새

아버지 사십 줄에 쓰러지셨다. 어머니 얼굴이 청양고추 초록색이다. 좋다는 약과 음식 다 해드렸다. 쓰러지신 아버지 영영 일어나지 못하고 칠월칠석날 돌아가셨다.

문상객들이 아버지를 이야기하면 비가 내렸다. 입관하는 날 수의를 입히는데, 사남매 두고 가신 아버지를 어머니 소중하게 쓰다듬다가 덮어 주셨다.

밤 새워 피를 토하는 소쩍새 어깨에서 피가 흘렀다.

성형수술

눈꺼풀에 가방 가득 피조개가 살고 있다.
쌍꺼풀 수술 하고 지방 제거 수술도 했다.
십년의 세월이 사라질 거라고 수군거렸다.
팅팅 부은 눈을 보며 안사람이 물었드랜다.
어떤 년한테 잘 보이려고 쌩눈을 깐 것이여.
혁명을 꿈꾸던 청춘 혈기도 죽어버리더라고.

| 제3부 |

부러지는 비

혜화역 2번출구

혜화역 2번출구 걸어 나가면 술 향기가 그윽하다.
마로니에 공원에 들어서면 추억들이 걸어 나오고,
잠시 서로 스치는 낙엽들이 밟히며 바스락거린다.
가슴에 시를 쓰는 양들의 침묵이 꼼실 꼼실거린다.

금박 입힌 내빈 소개와 유명인사의 축사가 꽃이다.
스승에게 상 받아도 될까 여쭸다는 말이 인상적이다.
꽃다발이 안겨지자 박수소리가 마로니에를 덮는다.
한 잔 걸치고 돌아나오는 거리는 언제나 청춘이다.

냉장고에 고등어가 있다

잡동사니 올려놓는 냉장고 위에서 잠자는 고양이 입 좀 봐. 혓바닥 날름날름 시를 쓰네. 쥐 잡아 갖고 노는 앞다리가 떨리네. 눈동자는 사방을 관찰하면서도 흔들리지 않네. 나비야 하고 부르면 꼬리만 바닥에 탁탁 내려치네.

누가 냉장고 속 고등어 꺼내 먹을까 봐 저 고양이가 지키고 있네. 하늘도 고양이 한 마리 키우고 싶었으나 옥토끼 때문에 어쩔 수 없이 손사래만 친다네. 달의 기억과 추억을 숨기는 고양이 눈을 들여다보면 눈동자 속에 달이 뜬다네.

냉장고 위 눈썹에 매달린 달을 발로 비비며 달그림자 뻗어 내려온 콧등을 핥고 있네. 야옹, 냉장고 안에는 훔치면 안 되는 고등어가 있다네.

시인의 감성

먹구름 도배한 하늘을 바라보며 지하철을 타러 간다. 지하 계단을 내려가다 보니 펼쳐진 종이박스 위에 눈 먼 사람이 앉아 있다.

당신에게 돈 많이 받게 해 주겠소라 말했더니 얼굴에 화색이 돈다. 펼친 종이박스 한 쪽에 글을 써 준다.

지금 하얀 눈이 내리고 있습니다.
허나,
저는 하얀 눈을 볼 수가 없습니다.

계단을 오르내리는 사람들이 드문드문 바구니 앞 글을 읽고 빙그레 웃다가 맙소사, 지폐를 던져주고 간다.

화장실과 어머니

밴댕이횟집 화장실에 들어서는데, 중년의 남자가 누군가와 대화하고 있다.

오늘 엄마랑 와서 먹은 중에 뭐가 젤 맛있어?
구운 밴댕이가 젤 맛있었어,

창밖의 달이 이 소리 듣고는 꿀꺽거린다.

이제 다 누운 거야?
아빠가 문을 연다.
다른 아저씨가 힐끗 쳐다본다,
아빠!
아이가 화들짝 한다.
아빠가 있는데, 어때!

어린시절 화장실 문을 아예 열고 지켜보시던 어머니가 달 속에 있다. 어머니, 문득 사라진다.

부러지는 비

눈을 감고 있는데 비가 부러지는 소리를 낸다.
부러지지 않고서는 저리 시끄러울 수가 없다.
눈을 뜬다.
밤하늘에서 투명한 철사줄들이 쏟아져 내리다가
탁탁 소리를 내며 끊어진다.
옆집 부인 집 나갔다가 며칠만에 돌아왔다는
소문이 부러진 비 속에서 어렴풋이 들려온다.
젊음도 비처럼 왔다가 부러지기도 하는구나.
소가 웃다가 비 맞고 등뼈가 부러졌다는 전설이
슬금슬금 자라고 있는 연안부두에 밤비가 내린다.
놀란 밤배들이 바다를 향해 연신 흔들린다.

소고기뭇국

새벽의 공기 밀도를 술에 떡 된 아버지 코골이가 허문다.
가을무 껍데기 벗겨 하얀 속살을 냄비 바닥에 깔아 놓는다.
국거리 반 근 도마에서 다지자 소의 영혼이 빠져 나간다.
국 끓는 소리는 술 잠 든 아버지를 위한 기상나팔소리다.

소고기뭇국을 마시자 아버지가 어머니에게 엄지척 한다.
혀를 차며 술 좀 작작 드시라 어머니가 끌끌 푸념한다.
속 풀고 출근하는 아버지가 구겨진 골목을 빠져 나가신다.
정육점을 지나자 매달린 한우가 胃大한 분이라 속삭인다.

긴꼬리때까치

파도치듯 날아간다. 도살자, 숲속에서 누가 소리친다. 철조망에 목이 부러진 도마뱀이 걸리고, 무뚝뚝한 산은 모른 척 가을 한 잔 마시고 온다.

달빛처럼 늑대처럼 감로처럼 뺏기고 빼앗기는 생명은 이어진다. 치명적이고 달콤한 새소리 들으며 피는 꽃에게도 사랑은 온다.

나무에 귀 대어 봐라. 물 흐르는 소리가 난다. 그는 상상을 캐내는 생명의 연금술사, 안개 낀 떡갈나무에 앉아 먹잇감을 살핀다.

숲의 얼굴이 바뀐다. 바람은 붓이 없어도 시간을 그린다. 바람이 안개를 걷어갈 때쯤에 도살자, 그가 나타난다. 긴꼬리때까치.

청화쑥부쟁이

찬바람이 불면 기다리다가 기다림을 잊는다.
희미한 기억을 꽃잎 뒤에 숨기는 청화쑥부쟁이.
뜬구름을 기다리며 목을 빼다보면
보라색으로 더 짙어지며 영혼은 더 맑아진다.

누구를 기다리느냐 물어도
코만 만지다 등을 돌리는 청화쑥부쟁이
하현달과 놀고 있을 때에도
누구를 기다리는지 알아챌까 봐 가슴을 떤다.

기다리다가 기다림을 잊은 청화쑥부쟁이
한 줄기 따들고 간다.
백치 애인이 되고 싶어도
애인이 없다.

고들빼기

진액이 빠져나가는 삼복 중 생일이 들었다.
바람이 낮잠 자는 동안에도 마니산은 땀을 흘린다.
온몸이 비실비실 입맛이 쓰다.
마니산 계곡으로 황소불알처럼 터덜터덜 내려간다.

산골 가정식 백반집 문을 지그시 연다.
마니산도 입맛이 없어 음식점 창에 턱을 괴고 있다.
가득한 반찬 중 젓가락이 고들빼기에 자꾸 간다.
마니산더러 내려오라고 손짓 해준다.

늙은 묵정밭

70세 할머니가 쌍둥이를 출산했다는 기사가 뜬다.
할아버지는 80세라니 깜짝 놀란다 나도 가능할까.

늙고 가문 묵정밭에 하릴없이 시선 붙들어 매놓고,
감았다 떴다 하는 눈에 복덩어리 쌍둥이 삼삼하다.

바오밥나무

남아프리카 바오밥나무 옆에서 숫사자가 어슬렁거린다.
우레 치고 은하수 허파에서 빠진 바람이 하늘로 솟구친다.
떠돌던 검은갈기사자가 창문턱에 주둥이 얹고 코를 곤다.
검은갈기사자가 숨넘어가듯 들이키고 입 벌릴 때마다
목구멍 저 편에서는 하이에나가 냄새를 맡고 있는 거지요.
초점이 선명해지면 하이에나는 목구멍 깊이 사라집니다.
먹구름이 눈송이처럼 몰려가자 사자가 울분을 토하고,
창문 긁고는 뒤돌아서 경계 표시하고 하늘로 날아오른다.
사자자리가 밝아지고 처녀자리가 다소곳이 불 밝히면,
한동안은 희열과 환희의 별밤 우주쇼가 벌어질 것이다.
아침 햇살이 쏟아지면 창문 발톱 긋고 경계진 자리마다,
오천년 이상도 버텨낼 바오밥나무 새 싹이 트고 있다.

괭이갈매기

그 새들은 붉은 입술의 고양이 목을 가졌네. 회색의 갯벌에 사는 게라든지 망둥어라든지 물속에 사는 물고기들에게 붉은 주둥아리의 영혼을 보여 호기심을 사기 위해서라네. 도둑님 스타일이지만 내가 왔노라 알려주는 바다의 신사라네. 갯벌의 골짜기로 밀물이 달려오고 멀리 잔챙이 물고기가 수면 위로 떠올라 물길 따라 갯골로 들어오면 괭이갈매기는 잿빛의 날개를 펴 태양을 가려 버리네.

기름망둥어, 숭어새끼, 새우, 꼴두기 그림자 목책 치고는 끌어 모은다네. 허겁지겁 집어 삼키고 고양이 소리로 답례하고 푸드득 비상하는 은어 떼가 되면, 나는 어릿광대가 쏘아올린 작은 공이 된다네. 비릿한 갯바람이 불어와 내 영혼을 반쯤 씻어 주고 가네. 선창가 알전구에 불이 들어올 때쯤이면 칠게 밤게의 구멍에서 꺽꺽 소리가 나고, 괭이갈매기 부리에 끌려온 노을의 배후에서 커튼도 치지 않은 채 암컷이 수컷을 어부바한다네.

추전역의 눈꽃

하늘에 맞닿은 추전역 천사가 탑승을 기다린다.
달팽이 기차에 올라탄 달이 나타나자 눈이 내리고,
두 편으로 나뉜 천사들이 기차를 기다리고 있다.
제일 높은 간이역 천사들을 만나러 갈 작정이다.

주목, 소나무, 싸리나무 위에 천사는 날개를 접고
봄을 기다리며 꿈을 꾸는 세상만물의 배경이 된다.
저마다 멋진 포즈로 사진 찍으며 가슴 떠는 사람들
해해 깔깔 찰칵찰칵 추억들이 핸드폰에 구워진다.

함박눈이 내리고 태백 등줄기 따라 기차가 오른다.
겨울 추전역에는 뜨락에도 뒤안에도 눈꽃이 핀다.
펼쳐놓은 천사의 치맛자락이 고요하고 화사하다.
싸리나무 그림자가 추전역 앞마당을 괜히 쓸고 있다.

햇빛 끝을 따라가면

마음의 상자에 담아둔 활화산이 폭발하고 있다.
수십억 년 전에는 지구도 불덩어리였을 것이지만
지구는 어느 한쪽 바싹 익는 걸 거부하며 자전한다.
아침 먹구름을 헤치고 나온 햇빛 끝을 따라가면
흙갈색 단단한 단호박씨 한 톨이 어루만져지고,
단호박에 사셨던 할머니의 영혼이 문을 열어준다.

끼니 걱정 할 때마다 단호박 하나 꺼내어 쪄내면
둘러앉은 우리는 김치국물 마시며 누런 이 들어냈다.
하도 잘 먹어 어머니 한숨이 단호박 넝쿨에 매달리곤 했다.

단호박 줄기를 타고 기어오르는 달팽이가 무서웠다.
직박구리가 달팽이를 잡으려다가 발톱에 걸려
콩알만 한 단호박 떨어뜨릴까 봐 어머니는 매가 되셨다.
보이는 족족 풀밭에 던져 달팽이 무덤을 만들었다.

그 옆 봉긋한 잡초에 누워계신 할머니가

단호박 농사 짓는 어머니를 바라보고 있다.
얘야, 신김치 국물 좀 주렴 목이 메인다.
꿀꺽 하는 소리가 제단 상석에서 솟아난다.

식사하시라 돌아서니 햇빛이 잔디밭을 뛰어다닌다.
단호박 이파리가 흔들리면 햇빛도 흔들린다.
풀잎에 매달렸던 이슬이 톡 떨어진다.
이슬에 살던 햇빛이 암청록빛으로 부서진다.

구구구

구수하리 할머니네 똥냄새 청국장을 시킨다.
주방 쪽 벽면에 초보 솜씨 글씨가 쓰여 있다.
99세까지 금연구역입니다.
100세부터는 괜찮다는 말이다.

구십구 세까지 아홉 수를 몇 번이나 넘길 것이다.
아홉, 열아홉, 스물아홉, 서른아홉,
구십세 전에 열 번의 죽을 고비를 넘겨야 하는데
구십에 들어서면 해마다 아홉수가 있다.
아홉수 열 번의 강을 건너야 비로소 백세다.

스무 번의 험난한 인생의 강을 건너면
사람이 아니라고 한다. 人卒.
백세 되시면 여기서 담배를 피셔도 됩니다.
아, 구십구 세를 넘긴다는 것
화엄의 비단길을 구름 타고 날아다닌다는 것이네
<

구리구리한 할머니 똥냄새를 맛있게 먹고
거리로 나오니 삼월 구일 아홉수의 날이다.
쌍 아홉수의 나이까지 내가 살 수 있을까
도리도리 아홉 번을 도리질 치며 걷는데
정거장에서 99번 마을버스가 출발한다.
지난밤 가로수 밑에 토해낸 토사물을
비둘기 아홉 마리가 구구구 쪼아대고 있다.

닭다리 명상

하지 하현달 부평역에서 삼겹살 파티 끝내고 입가심으로 시킨 생맥주가 숯불에 구운 닭다리를 꼬꼬댁 끌고 온다. 그 상에 책을 폈으면 책상이지만 그 상에 술과 안주를 폈으니 술상이라 하자. 다 같이 건배를 위하여 오백 씨씨 생맥주 잔을 맞대며 쨰쨍쨍 박 터지는 소리다. 꽉 들어찬 객장은 순식간에 눈 쏠림이 화면상으로 크로즈업 됐을 것이다. 모두들 가운데 놓여진 닭다리를 바라보며 흥겹게 먹고 온 삼겹살 돼지 비게 매달린 미끄덩한 속을 씻자고 덤빈다.

나를 춤추게 하고 너를 춤추게 하리라. 닭머리 뒤집어 쓴 영혼이 술꾼들의 이마에 어깨에 내려앉았다가 술 한 잔 달라고 한다. 그녀는 떡볶이를 맛있게 먹는다. 난 떡볶이 맛있게 먹는 그녀를 좋아한다, 흘러나오는 음악 소리가 절벽에서 떨어져 죽자고 손가락 꽉 낀 옛날 애인 같다. 오십년 동안 구운 닭 내력이 손잡고 닐니리 피리 부는 하현달에서 날갯짓하고 있다. 오천만 마리의 영혼이 하늘에서 내려오는 소리가 유월 하현달 곡소리처럼 들린다. 조금만 시간을 되돌리면 빨간 앵두 머리핀 꽂은 그녀를 꼬신다는 소문이 들린다. 닭 울음소리가 들린다.

마누라가 잡으러 올 것만 같은 시간이다. 닭다리 잡고 삐약거렸다고 내일 지방지 휴지통 기사로 실릴까 겁이 난다. 부평역에서 나를 봤다 하지 마소. 제상에 올라가 결가부좌 하여 씹어도 씹어도 단물 나오는 소문의 안주가 될지도 모르오. 부평역에서 내 이름 부르지 마오. 오십년 동안 잡혀 먹힌 닭다리들이 헝클어진 머리 날리며 잡으러 올까 겁이 나오.

하지의 하현달도 취해서 구름을 잡아당겨 얼굴 파묻는 것 좀 보소.

어느 가문의 결혼축사

비로소 두 사람은 방황하지 않으리라.
서로가 서로에게 손을 잡아줄 테니까.
이제 두 사람은 비 눈을 맞지 않으리라.
서로가 서로에게 우산이 되어줄 테니까.
비로소 두 사람은 옆이 허전하지 않으리라.
서로가 서로에게 팔짱을 끼어줄 테니까.
이제 두 사람은 두 개의 몸이 아니니라.
파뿌리 될 때까지 오직 한 몸일 테니까.
비로소 현관문의 열쇠를 공유하리라.
노랑나비가 뱃속에서 노닐 것이리라.
비가 오나 눈이오나 바람이 부나,
천당과 지옥 사이를 오가며 행복하리라.

자연은 신호등이다

하얀 눈 내리던 날 술 한잔 마신게 허허 이별주였네.
기별 없이 이별 온다는 걸 천년바람이 알려 주었네.
만남은 억겁 이별은 찰나 한 치 앞도 모르고 살았네.

한번 고개 숙이면 될 것을 목에 석고붕대 감았었네.
흐르는 강물도 제 싫으면 길의 방향을 바꾼다 하네.
분기점의 옳다 그르다 판단의 무게가 계절로 다르네.

목마름을 저울 위에 올리자 한쪽으로 기울어졌다네.
앞산의 입에 꽉 물은 하늘에서 소 잔등에 눈 내리네.
떠날 때와 머무를 때 알리는 자연은 신호등이라네.

닭발, 족발

공덕역 5번 출구로 나가면 족발집 수백 개가 손을 내민다.
사람들 말하기를 발이 작고 오동통해야 남편복 있다 한다.
꿀이 흐르는 족발 앞에서 술잔이 언제 오나 기다린다.

뒷발질 하는 닭의 발이 닭발이래도 닭들은 기분이 좋다.
돼지머리에 절 하니 돼지발 높이고자 족발이라 한다.
구멍이 숭숭 뚫린 뼛속에서 돼지 영혼이 빠져나간다.

감기 손님

화장실이 불러대는 새벽에 눈을 뜨면 시간의 붉은 숫자는 가상화폐처럼 기억의 저장장치 속에 쌓인다. 목구멍이 간질이던 벌레가 꿈틀거리며 꼬물꼬물 알을 까는 중이다. 한바탕 잔치를 벌이려고 상을 차린다.

목이 잠겨서 말이 나오질 못한다. 쉰 목소리에 허스키꽃마저 피고 말았다. 한참 쉬어야 한다는데 못 알아듣고 길길이 날뛰다가 독종을 만나 목에 탁한 가래가 둥지를 틀었다. 며칠 지나면 걸음마 뗀 아기의 발로 콩콩 찍고 다닌다. 백년의 씨앗이 싹을 틔우는 소리다.

내 몸의 유통기한은 육 개월이다. 손님을 공손히 맞이하기 위하여 어머니는 냉장고에 이걸 넣어 두셨나 보다. 생강차, 유자차, 백년초액, 쉿, 비밀이니 아무에게도 얘기 하지는 마시게나.

| 제4부 |

물속의 길

일찍 들어오라

얘들아 일찍 들어오너라. 당신도 일찍 들어오세요.
엉겅퀴꽃에 피가 돌 듯 환하게 콧구멍 벌름거린다.

집에 일찍 돌아오라는 말은 구애의 재촉이 아니라,
일 미터 거리가 유지되면 평화라 하시는 유언이다.

자식은 못들은 척 나가버리지만 남편은 미소로 대답한다.
아내는 설거지 청소 세탁 끝나도록 걱정이 나풀거린다.

첫눈이 오면 사랑에 굶주린 사람들이 상상을 쏟아낸다.
아무도 밟지 않은 눈밭에는 아내의 미소가 찍혀 있다.

감나무에 까치밥이 얼마나 남았는지 살피시던 어머니,
일찍 들어오라는 말은 끔찍이도 사랑한다는 말씀이셨다.

경자네 안방에서 쥐 기침소리 난다

이경과 삼경 사이 천사 날개 타고 예수가 가셨다오.
매일 열두 동물이 시간마다 사라졌다가 나타난다오.
선책善策 펼칠 영악한 쥐의 수염 바라보는 돼지 보소.

이경과 삼경 사이 물고기 등 타고 부처가 오셨다오.
매일 열두 동물이 시간마다 나타났다가 사라진다오.
술책術策 감춘 돼지꼬리 물고 있는 저 쥐 입 좀 보소.

경자년 온다고 이 년 저 년 예쁜 누이 욕하지 마오.
경자년 이름 개명 물으니 열한 개 동물이 항의 한다오.
기해년 돼지네 뒷집 쥐 안방에서 기침소리 들린다네.

진통제

내 열 받은 머리를 식혀 주고 싶어 하늘은 구름을 끌어온다. 하늘은 질기고 무섭다. 손짓을 하면 비가 되어 손을 뿌리친다. 온몸이 감전 되어 불에 탄 듯 뜨겁다가 이내 물에 젖는다. 새 한 마리가 머리를 콕콕콕 쪼아댄다. 애벌레 한 마리 찾은 모양이다. 잠시 침묵이 흐르면 나는 새의 주둥이 속으로 빨려 들어간다. 새가 쪼아대는 소리가 탁탁탁 소리로 바뀌면 두통은 하늘이 끌어온 구름 속으로 사라진다.

해바라기는 태양이다

해로부터 부랴부랴 불어오는 바람은 신들의 춤이네.
해의 그림자가 지상의 해바라기 밑으로 둥글게 말리네.
그림자가 둥글게 말리는 건 신들이 쉬고 있다는 것이지.

수억 년 전 해바라기는 살짝궁 해에서만 피는 꽃이었네.
해의 신이 자칫하여 지상으로 떨어뜨린 해바라기 가엾네.
지상에서 홀로 피어 해만 바라보다가 꺽다리가 되었네.

해의 가장자리에 솟는 불꽃은 해바라기 잎사귀와 같다네.
실은 초록인데 해의 조명으로 지구에서는 붉게 보인다네.
누가 해의 바닥에 떨어진 씨앗을 주워올 것인가 궁금하네.

육탈

도로를 보면 올라타고 날개를 보면 빠져나가고 싶다.
강 건너 저편 유혹하는 자석의 힘을 밀쳐낼 수 없다.
양양 쪽으로 가다 동홍천의 오른쪽 날개에 올라탄다.

수타사 개울다리 건너자 양철 초록지붕이 배경이 된다.
매달려 있는 흰 박들이 초록 지붕에서 기차놀이 중이다.
염사 주위에 목책을 둘러 눈도둑 하는데 자유로웠다.

아버지랑 왔을 때 내 유골을 이쯤에 뿌려 달라 하셨다.
검은 점박이 염소가 흰 수염을 휘날리며 걸어 나온다.
아버지가 선물로 남겨 주신 초록 쉐타 냄새를 맡는다.

초록 초지가 아버지 얼굴인 양 엷은 미소를 짓는다.
금방이라도 벌떡 일어나실 것 같아 매무새를 고른다.
나를 꼭 안아 주시는데 육탈된 영혼만 잡히는 것이다.

고래사냥

하늘신의 성기를 거세해 바다에 던지니 고래더라.
하늘신의 성기를 도려내 허공에 던지니 달이더라.
두 번 세상 사는 게 아니라 세 번 세상 산다더라.
처음엔 월승, 두 번째 이승, 세 번째는 저승이더라.

우리 달에서 십 개월을 살았으니 고향은 달이더라.
달 뜨면 춤추는 고래는 달과 사랑 나눌 수 있어요.
고래가 반달을 물고 떠오르며 하늘신과 사랑 중이라.
나 어릴 적 고래수술 하던 날 달이 더욱 둥글었더라.

메주는 기다림이다

가마솥 뚜껑 열자 콩새가 먹다 흘린 콩이 똘망똘망하다.
뜨거운 열기가 누렇게 변한 갈대발 곳속 벽에 달라붙는다.
노란 저어새 주걱으로 휘휘 저어 몇 알 꺼내 깨물어본다.

콩새는 담 벽에 올라 들척지근한 냄새를 맡고 울고 있다.
콩들은 된장 간장 고추장댁 시집갈 설렘으로 잠 못이룬다.
메주는 새끼줄에 엮여 누룩곰팡이와 사랑을 기다린다.

사진 속 남자

추억의 사진마다 나는 늘 뒷줄 변두리에만 서있다.
복사꽃이 활짝 필 때에도 어정쩡하기 짝이 없다.
늘 옆 사람에게 반쪽 가리거나 고목나무 매미이다.
사진사가 하나둘 할 때마다 뒤꿈치 들며 용쓰는 사내다.

멸치대가리 따다가

멸치대가리를 따다가 몹쓸 짓인 거 같아 미안하기도 하다.
입이 까끌하다거나 똥은 쓰다며 멸치대가리를 똑똑 딴다.
정제되지 못한 형용사를 지우는 것인 양 가슴 아프다.
멸치들은 그물에 잡혀 억울하다고 죄다 입 벌리고 있다.

무섭다고 비명 지르다가 생으로 붙잡혀 몸이 여위었다.
끓어오르던 어려운 시절에도 여기저기에 몸을 던졌다.
시원한 국물 마시며 대가리 똑똑 부러진 멸치를 생각한다.
은빛 멸치 떼 잔잔한 물에서 헤엄치던 남해에 빠진다.

해조蟹爪

가을의 손톱이 여름의 어깨를 코옥 누릅니다.
여름은 가재미눈으로 돌아갈 자리를 찾습니다.
미완성 해조도가 동공 뒤에서 서성입니다.
성장한 나무는 여름내 이마에서 땀을 흘립니다.

회화나무는 여름의 절정을 백색의 꽃으로 하고,
배롱나무는 여름의 절창을 적색의 꽃으로 하고,

밀원을 생성하느라 줄기로 펴올리는 감로를 위하여,
바람의 연주자가 안단테 알레그로 하며 애무하면,
당신은 춤추는 적청색 목젖에 매달린 사내입니다.

가을의 배가 사바세계의 언덕을 떠납니다.
잔잔한 수면 위에 꽃게의 손톱이 떨어집니다.
여름과 가을 사이 분기점은 붉은 꽃게 손톱입니다.

계란말이

봄은 산과 들과 강에 계란말이를 만듭니다.
먹고 사는 일, 놀고 먹는 일, 가리지 않고
계란말이처럼 돌돌돌 맛을 내고 있습니다.
개나리부터 진달래까지 연두에서 초록까지
봄의 신나는 계란말이 속에 벌렁 눕습니다.

하늘소

하늘소 더듬이 잡고 다리로 돌을 들며 놀았다.
돌드레돌드레, 더 무거운 돌을 들어야 승자다.

초등학교 반장이 되어 운동장 조회 중이었다.
앞줄 친구 가슴에 실로 묶은 하늘소를 보았다.
냅다 풀어는 주었으나 궁금하기 짝이 없었다.
급기야 시작종소리 들으면서도 찾으러 나갔다.
하늘소는 사라지고 나는 반장자리에서 잘렸다.

도봉산에 갔더니 털두꺼비하늘소가 놀고 있었다.
옛날 생각을 쫓아 하늘 향해 더듬거리고 있었다.
꿩, 까치, 들개, 친구놈들 어찌 사는지 궁금했다.
하늘소 돌드레 가만히 보면 뿔달린 소 얼굴이다.

바람의 적은 바람이다

언제 부는 바람도 사실 까닭 없이 불지는 않았다.
바람이 불면 어머니가 치마자락 날리며 나타났다.
바람이 불면 아버지 바지에서 호두가 달그락거렸다.
아버지 가시고 어머니는 바람 불면 눈물이 난다고 했다.
이젠 당신들 몸속에서 모두 빠져 나가고 없는 바람이다.
바람의 친구도 바람이었고 바람의 적도 바람이었다.
가을 옥수수 이파리에 후두둑 빗방울이 떨어진다.
바람이 사라지고부터 옥수수는 영글 생각이 없다.

물 북재비

바람 한 점 없는 날에도
연못은 유리알처럼 고요하다가
어떤 때 문득 동심원이 퍼져 나간다.

물고기가 지느러미로
벙어리 북을 두드린다는 전설이
바위고개 넘어 전해 오고 있으니 참고하시라.

물속의 길

밤 두시, 생각이 잠으로 흘러간다.
보석 같은 잡념들이 빗속을 헤매고
모든 문장들이 물 위로 떠내려간다.

비의 주먹들이 겁이 난다.
땅땅 두드릴 때마다 등 푸른 고등어 떼가
유리창에 흐르는 물을 타고 오른다.

어머니가 물속으로 떠내려 오신다.
유리창을 붙들고 배고프다 하신다.
나는 불효자다 껍데기로 세상을 살았다.

어머니 장마처럼 역정을 내고 사라지신다.
간밤에 장마비가 봉분 모퉁이를 허물었다.
흙을 모아 덮는다 오지 않으셔도 되도록.

하느님과 낚시하다

새벽 강가에서 손낚시를 한다.

붕어가 물렸다가 떨어질 때가 있다.

밤낚시 동행한 이가 꾸벅꾸벅 졸았기 때문이다

그 이 하느님의 낚시줄은 바람결이라네.

추어탕

경인국도 할머니식당에서 사십년 전통 추어탕을 먹었다.
가을 미꾸라지가 뚝배기 속에서 알을 보글보글 낳고 있다.
들깨가루 일곱 번 산초 반 스푼 다진 마늘과 청양고추,
한 스푼 뜨자 십리가 보이고 두 스푼 뜨자 백리가 보인다.

고양이 혓바닥

비빔밥 비비듯 온통 산이 비비고 있다.
산허리 감도는 고샅에 단풍물이 흘러
누워계신 부처님 귓불 붉은 물 들겠다.
능숙한 연출 바람은 물개박수를 치고,
조명은 생과 사로 구름의 등을 조작하고,
붉으락푸르락 무대의 변화가 볼 만하다.
단풍나무 아래서 양말 벗고 잠이 든다.
꿈속을 헤매는데 구름의 양탄자 위로
꽃사슴 마차가 금가루 뿌리며 나타난다.
고삐를 잡은 신데렐라가 방긋 웃는다.
어서 오세요! 나는 마차에 냉큼 올라탄다.
제 신발 한 짝을 찾아주세요.
사자자리 쯤에서 잃어버린 것 같아요
고삐 당기니 마차가 하늘로 날아오르고
산마다 단풍비빔밥을 별들이 먹고 있다.
맛있게 먹은 별들이 등불을 깜빡거리고
천사들은 박수 치며 하늘길을 안내한다.

풀숲에서 신발 가지고 노는 노루가 보인다.
신데렐라는 너무 기뻐 깡충깡충 뛴다.
나는 당신 꺼, 두 팔 벌리고 안기는데
이상하게 발바닥이 따듯하고 감미로웠다.
눈 뜨니 고양이가 발바닥을 핥고 있다.

한옥에서

오백년 이조시대가 잠을 깨고 일어난다.
기와 얹은 담장 뒤에서 초롱불 들고 나온
허리 가는 젊은 여인이 안내하고 있다.
은은한 가야금소리도 휘엉청 보름달이다.
안채에서 끓이는 전통차 향이 진동했지만
사랑채 창호지문 틈으로 엿보던 보름달은
배롱나무꽃에서 얌전히 휴식을 청하고 있다.

하루도 잠을 잔다

여름 나뭇잎에서 무슨 소리가 들린다.
나이테마다 절절하게 새겨지는 울음
뿌리의 논둑가래질 소리도 들린다.

숲속에 세 들어 사는 하루는 푸르고 깊다.

채울 수 없는 자연의 넉넉함이지만
앞면과 뒷면의 얼굴도 인생도 다르듯이
유월의 잔 저마다에 초록을 채운다.

굴절된 시간의 살들이 뜨겁게 달구어지고
숲으로 돌아온 새들의 입에 물린 피곤한 하루가
온종일 수런거렸던 나뭇잎에 살포시 내려앉는다.

|해설|

진술의 힘, 즉물성卽物性의 담백한 서정

—김영진의 시세계

김유석 | 시인

"가장 개인적인 것이 가장 창의적인 것이다"

세계적인 유수의 상을 수상한 어느 영화감독의 소감으로부터 회자된 이 말이 강렬한 자성을 띠는 것은 영화는 물론 모든 예술을 담보하고 있기 때문일 것이다. 예술의 본질은 창의성에 있고 그 창의성은 개인적인 것으로부터 기인한다는 지당한 촌철寸鐵이자 기존의 틀에서 벗어나 새롭고 독창적인 것을 생산하고자 각고의 의지에 시달리는 예술정신이 담긴 말임에 틀림없다.

그러나 '개인적인 것'='창의성'이 성립되려면 둘 사이에 어떤 개연성이 있어야 한다. 그 개연성은 한눈에 파악되기도 하지만 오랜 시간이 지난 후에야 비로소 그 진면목이 드러나는 경우도 많다. 굳이 전위적 실험이나 막연한 상상의 역량을 전제하는 것만이 아니라면 '가장 개인적인 것'이란 독창성과 연계할 수 있으며 이를테면, 주관적 가치관과 의식의 흐름에 따라 기존의 방식들을 새롭게 파악하고 해석하는 개성적 형태로써의 의미를 '창의성'과 결부시킬 수도 있을 것이다.

시는 지극히 개인적인 창작이다. 분열하는 인간의 정신세계를 모색하든 삶의 동질성 회복에 치중하든 모든 시는 창의성을 띤다. 그러므로 시에 대해 함부로 창의성을 논하는 것은 경계해야 할 일이나 그렇다고 모든 시에 그 의미를 부여하는 일 또한 여간 고민스럽지 않다는 점도 사실이다. 당대의 〈랭보〉를 예들거나 근래 우리 시단에 나타난 일련의 조류를 충분히 두둔할 수 있는 말이지만 관행적 시작詩作에 있어 '창의성'의 의미는 대체로 철학과 미학적 관점에서 부여된다. 대상을 텍스트로 형상화 하는 과정에서 나타나는 새로운 이미지나 감각 등을 흔히 '참신하다'라 표현하곤 하는데 그 말을 '창의성'의 범주로 용인해도 무방하지 않나 싶다. 또한 자기만의 독특한 화법과 언어로 시세계를 구축하는 독창성을 그에 포함할 수 있을 것이다.

진액이 빠져나가는 삼복 중 생일이 들었다.

바람이 낮잠 자는 동안에도 마니산은 땀을 흘린다.
온몸이 비실비실 입맛이 쓰다.
마니산 계곡으로 황소불알처럼 터덜터덜 내려간다.

산골 가정식 백반집 문을 지그시 연다.
마니산도 입맛이 없어 음식점 창에 턱을 괴고 있다.
가득한 반찬 중 젓가락이 고들빼기에 자꾸 간다.
마니산더러 내려오라고 손짓 해준다.

—「고들빼기」 전문

내 창문에 공원이 생기고 작은 새들이 살고 있다.
새벽을 내어주는 나무에게 새들은 숙박료를 낸다.
회화나무 밑에는 뻐꾸기 똥,
이팝나무 밑에는 휘파람새 똥,
상수리나무 밑에는 직박구리 똥,
새들의 화폐, 새들은 몸속에 3D프린트기가 있다.
나무는 화폐를 받아들자마자 새벽을 풀어 놓는다.
새들은 아침이 되면 식구들의 안부를 먼저 묻는다.
간밤 잠든 사이 청설모한테 잡혀가지는 않았나,
꿈을 꾸다가 다리를 헛디뎌 낙상하지는 않았나,
삐삐삐, 짹짹짹, 빽국빽국, 먹이 물고 온 어미새는
입을 제일 크게 벌린 놈을 먼저 찾습니다.

—「내 창문에 사는 새들」 전문

김영진의 개성으로 일상성의 시화를 먼저 꼽을까 한다. 시집에 실린 대부분의 시편들이 생활이나 그 주변으로부터 발상되고 있는 까닭이다. 시작의 대상이 따로 존재하거나 별난 것을 선호해야 할 필요는 물론 없다. 보편적인 것들에게서 시적 자아를 찾을 수 있다면 그것만큼 자연스런 대상도 드물 것이다.

일상성의 관점으로 인용한 작품들에서 느낄 수 있는 두 가지 공통점이 있다. 시적 발상과 언어가 그것이다. 즉 쉽사리 시가 될 것 같지 않은 정황들을 시로 풀어낸다는 점과 감정이나 감각을 품은 것이 아닌 구어체의 날말들로 텍스트를 끌어간다는 점이다.

삼복더위에 생일을 맞은 화자의 쓰디 쓴 입맛을 마니산 모습에 비유한 「고들빼기」는 단순하면서도 재미있게 읽힌다. 더위 먹은 입맛을 '바람이 낮잠 자는 동안에도 마니산은 땀을 흘린다'로 치환한 것이나 '마니산도 입맛이 없어 음식점 창에 턱을 괴고 있다'는 정경묘사가 재치 있다. 자고로 쌉싸름한 고들빼기는 입맛을 돋운다 했으니 필경 '마니산더러 내려오라고 손짓'하는 화자의 모습이 자못 넉살스럽게 다가온다.

「내 창문에 사는 새들」도 유사한 작품이다. 공원을 창틀에 끼운 집에 사는 화자의 아침풍경을 새들을 빌어 그리고 있다.

똥으로 숙박료를 내는 새들과 화답하는 나무, 자연의 소통 속에서 열리는 아침을 눈앞에 선명하게 펼치고 있는데 '입을 제일 크게 벌린 놈을 먼저 찾습니다'란 어미 새들의 화음이 무척 생동감 있게 들려오는 듯하다.

여기서 다시 두 작품의 구성과 언어에 대해서 주목해 보자. 화자의 시점만 다를 뿐 시의 흐름은 크게 다르지 않다. 조금은 느슨하여 자칫 상투성이 드러날 위험이 있다. 그러나 그 점을 묘하게 벗어나고 있는 것은 역설적으로 기교적인 묘사나 시적 비유를 제한하고 있는 까닭이다. 바로 대상의 즉물성에 기인하고 있다는 점이다.

즉물성은 실제의 대상에 비추어 생각하는 것, 곧 관념이나 추상적인 사고를 배제하는 성질을 말하는 것으로 언어의 측면에선 절대적 의미를 강조하는 것쯤으로 해석할 수 있다. 이를테면 〈김수영〉의 「풀」에서 "풀이 눕는다/비를 몰아오는 동풍에 나부껴/풀은 눕고/드디어 울었다/날이 흐려서 더 울다가/다시 누웠다/풀이 눕는다/바람보다도 더 빨리 눕는다/바람보다도 더 빨리 울고/바람보다 먼저 일어난다/……"는 즉물성의 건조한 미학을 견지하였다.

대상의 즉물성이 설득력을 얻는 데에는 그럴만한 진술의 힘이 필요하다. 시는 보편적으로 묘사와 진술에 의해 이루어진다.

대상에 대한 관찰이 묘사라면 진술은 대상의 해명解明에 가깝다. 감각적이고 이미지즘적인 묘사와 달리 진술은 화자의 의도를 명백하고 생생하게 드러내주는 독백의 역할을 한다. 그 점이 텍스트의 비중을 떠나 김영진의 시적 개성으로 느껴진다.

안개가 짙으면 슬피 우신다는 어머니 있으십니다.
산등성이 재 너머 절로 까까머리 아들을 보낼 때,
무진霧塵으로 앞이 안보여 발걸음을 더듬거리면서
떨어지기 싫어 서글피 발을 동동 굴렀다는 무진사,
목어는 목말라 울고 어머니는 없어서 울었답니다.

무진사에 안개 뒤덮이면 배롱나무는 이슬을 핥으며
오랜만에 어미의 젖을 꿀처럼 빨며 잠이 든답니다.
무궁무진한 행복과 꿈의 범종소리가 퍼져 나갑니다.
새들도 목탁소리를 듣고 탁발길을 정한다고 합니다.
안개가 사라지면 오늘은 왼쪽일까요 오른쪽일까요.

어머니 된장 푸시다 말고 동쪽 향해 중얼거리십니다.
쌀 한 움큼 퍼담아들고 대청마루 동자승에게 빕니다.
얘야, 잘 살아야 한다. 네, 어머니 대답도 있습니다.
범종소리 머뭇거리는 안개 뚫고 땡그렁 하고 날아옵니다.

—「무진사無盡寺」 전문

유월이 붉은 수염 새우에 매달려 팔딱거리면 포구에 비릿한 냄새가 진동한다.
누이 손톱에 봉숭아 물들이며 가던 포구는 갈매기 완장 차고 호루라기를 불고, 강화는 멀어 소래로 생새우 사러 온 사람들이 설다고 호주머니를 만지작거린다.
어물전에 아구 황석어 갑오징어가 먹고 싶다고 눈동자가 돌아서지를 못한다.

—「붉은 소래포구」 부분

「무진사」는 세상 밖으로 자식을 떠나보낸 어머니의 가슴이 애틋하게 그려져 있다. 안개에 젖고 범종소리에 울려 퍼지는 모성이 한 폭의 수묵처럼 고즈넉하면서도 뭉클하다. 보내고 떠나는 모자의 정을 안개에 묻어 더듬거리는 발길로 그려낸 것이나 자식의 앞길을 '무진'한 범종소리로 비는 모정을 끌어내는 솜씨가 예사롭지 않다. 실재하는 「무진사無盡寺」가 소재일 수 있겠지만 그것을 어머니 가슴 속에 옮겨 무형의 「무진사」 한 채를 짓는 시인의 감성이 자전적인 색채로 서늘하게 스며들고 있다.

반면 「붉은 소래포구」는 약간 다른 포즈를 취한다. 시제를 중심으로 소래포구의 풍경을 스케치 하고 있다. 비릿한 냄새를 풍기는 생물들과 그것들에 섞여 살아가는 사람들의 모습을 실사적으로 담아내고 있는 서경시에 가깝다. 마치 포구의 한가운데 서 있는 듯한 느낌이 생생하게 전해오는데 그 현장감은 바로 앞서 짚은 '즉물성'으로부터 비롯되는 것이다.

사실, 김영진의 작품세계를 엿보려면 시집 전체를 관철하여야 한다. 몇 편을 들추어 밝히기엔 편협할 우려가 있다.「무진사」와「붉은 소래포구」의 예시처럼 두 가지 관점을 병치시킬 수 있는 이유에서다. 절절한 서사의 한 편에 걸어가며 스치는 듯한 길 위의 단상들을 포함하고 있는데 그 중 어느 쪽을 치중해서 김영진을 읽기에는 난감함이 없지 않다는 것이다. 다만 각기 독자적인 영역을 구축하는 듯 보이는 그것들이 어느 시점에선 교차하며 서로를 상관한다는 점에서 작품이 품고 있는 저마다의 텍스트를 따르면 그만이라는 생각이 들기도 한다. 거의 대부분이 시인의 체험적 편린들이기 때문이다. 마치 한 바퀴 생을 주유하는 자의 세상 들여다보기가 아닐까 싶을 정도로 보폭이 넓고 다양한 현장들을 포착하고 있다. 시 아닌 것이 없다 믿을 만큼 사소한 대상까지를 소환하여 의미를 부여하는데 남다른 시인의 눈을 가진 김영진을 규정된 시각으로 파악할 필요는 굳이 필요 없을 듯싶다.

먹구름 도배한 하늘을 바라보며 지하철을 타러 간다. 지하계단을 내려가다 보니 펼쳐진 종이박스 위에 눈 먼 사람이앉아 있다.

당신에게 돈 많이 받게 해 주겠소라 말했더니 얼굴에 화색이 돈다. 펼친 종이박스 한 쪽에 글을 써 준다.

지금 하얀 눈이 내리고 있습니다.
허나,
저는 하얀 눈을 볼 수가 없습니다.

계단을 오르내리는 사람들이 드문드문 바구니 앞 글을 읽고
빙그레 웃다가 맙소사, 지폐를 던져주고 간다.

—「시인의 감성」전문

난생 처음 엄마, 말문 트이고 걸음마를 배울 때
엄마가 장단 맞추는 소리,
박 같은 엄마 젖을 떼고 이유식을 받아먹을 때
아기의 웃음을 맛있게 먹으며 칭찬하는 소리,

옳지.

그 소리에 힘을 받아 두 발로 일어선다.
우주는 아름답고 세상은 불안하지만
기어 다니다가 일어서니 눈높이가 봄의 키다.
봄이란 아기처럼 일어서는 거다.
가만히 귀 기울이면 우주도 손뼉 치며,

옳지.

—「옳지, 봄」 전문

다양한 생의 스펙트럼을 펼쳐 보이는 김영진의 시학은 따뜻한 세계관으로부터 우러나는 것임이 분명하다. 흔하여 눈에 잘 띄지 않는 생의 페이소스들이 시인의 내면을 따뜻하게 파고들며 긍정적 사유를 낳고 있는 것이 이번 시집의 가장 큰 덕목일 것이다.

거기에는 '멸치대가리를 따다가 몹쓸 짓이라 미안해하는' 소심한 생이 있고 '양다리 걸칠까 두려운' 간헐적 사랑이 있고, '누구를 기다리는지 알아챌까 봐 가슴 떨다가 기다림을 잊은 청화쑥부쟁이'가 이렇다 할 묘사나 비유 없이 날 몸으로 피어 있다. 뿐만 아니라 "지금 하얀 눈이 내리고 있습니다./허나,/저는 하얀 눈을 볼 수가 없습니다."와 같은 구절이 건조한 세상의 안면에 미소를 머금게도 한다.

이러한 김영진의 본질은 「옳지, 봄」으로 요약할 수 있다. 이 한 편의 작품에 거창하지 않은 「시인의 감성」이 고스란히 담겨 있다고 해도 과언은 아닐 것이다. "옳지"에는 긍정의 힘이 담겨 있다. 아기처럼 일어서는 봄, 그것이 곧 우주의 생명력임에는 사족을 달 여지가 없다. 불안한 세상을 아름답게 포용하는 원초적 동력으로써 믿음을 갖게 하는 "옳지"라는 말, 참 좋다.